Mi Little Golden Book sobre el
PAPA FRANCISCO

por Suzanne Slade • ilustrado por Sue Cornelison

traducción de María Correa

A GOLDEN BOOK • NEW YORK

Derechos del texto reservados © 2024 por Suzanne Slade
Derechos de las ilustraciones de la cubierta y del interior reservados © 2024 por Sue Cornelison
Derechos de la traducción al español reservados © 2024 por Penguin Random House LLC
Todos los derechos reservados. Publicado en Estados Unidos por Golden Books, un sello editorial de
Random House Children's Books, una división de Penguin Random House LLC, 1745 Broadway,
Nueva York, NY 10019. Golden Books, A Golden Book, A Little Golden Book, el colofón de la G y el
distintivo lomo dorado son marcas registradas de Penguin Random House LLC. Simultáneamente
publicado en inglés como *Pope Francis: A Little Golden Book Biography* por Random House
Children's Books, una división de Penguin Random House LLC, Nueva York, en 2024.
rhcbooks.com
Educadores y bibliotecarios, para acceder a una variedad de recursos de enseñanza,
visítenos en RHTeachersLibrarians.com
Número de control de la Biblioteca del Congreso de los Estados Unidos de América: 2023951461
ISBN 978-0-593-90145-8 (trade) — ISBN 978-0-593-90146-5 (ebook)
Traducción de María Correa
Impreso en los Estados Unidos de América
10 9 8 7 6 5 4 3 2 1

El papa Francisco es la cabeza de la Iglesia católica romana y, como tal, es el líder espiritual de más de un billón de personas alrededor del mundo.

Como lo hicieron muchos de sus antecesores, el papa Francisco vive en la Ciudad del Vaticano, un pequeño estado localizado en el centro de Roma, Italia. Sin embargo, él nació en Buenos Aires, Argentina, el 17 de diciembre de 1936. Sus padres, inmigrantes italianos, lo llamaron Jorge Mario Bergoglio. Era el mayor de cinco hijos.

Su familia hacía parte de una gran comunidad italiana en Buenos Aires. Aunque el español es el idioma oficial en Argentina, ellos siempre hablaban italiano con sus vecinos y amigos. Sus abuelos, tías, tíos y primos también vivían cerca. Los domingos, Jorge y su familia asistían a la iglesia católica del barrio. Luego, disfrutaban grandes comidas con montones de pasta para todos.

    Jorge siempre fue muy cercano a su abuela
Rosa. Ella era muy devota de Dios y compartió
su fe con él, enseñándole a orar y contándole
historias de los santos. Con sus lecturas, hizo
que Jorge se enamorara de los libros y se animara
a ayudar a los necesitados.

Jorge era un buen estudiante. Su materia favorita era la ciencia. También le gustaba bailar, especialmente el tango. Después de la escuela, Jorge jugaba fútbol con sus amigos en el parque local.

Durante su adolescencia, Jorge asistió a una escuela donde aprendió acerca de alimentación y nutrición. Por la mañana, él trabajaba en un laboratorio donde realizaba pruebas de alimentos. En la tarde, tomaba clases de química y otras materias.

Un día de primavera, cuando Jorge tenía diecisiete años, fue a la iglesia del barrio y se sorprendió al encontrar a un sacerdote al que no había visto antes.

Mientras hablaban, Jorge sintió que debía comprometer su vida a Dios. El sentimiento era tan fuerte que decidió que, algún día, sería sacerdote.

Dos años después, Jorge ingresó al seminario, una escuela que enseña a las personas a ser sacerdotes. Estudió y aprendió más acerca de Dios, su fe y la religión.

Cuando tenía veintiún años, Jorge se enfermó de
neumonía. La enfermedad dañó sus pulmones. Para
salvar su vida, su doctor tuvo que remover parte de uno
de sus pulmones. Tuvo una recuperación larga y dolorosa.
Pero esta difícil experiencia fortaleció su fe en Dios.

Jorge quería pertenecer a una clase especial de sacerdotes llamados jesuitas. Los jesuitas creen en la importancia de la educación y del aprendizaje. Ellos viven una vida sencilla, gastando poco dinero en sí mismos y donando a las personas necesitadas. Ese estilo de vida le parecía bien a Jorge.

Para convertirse en jesuita, tuvo que estudiar durante mucho tiempo. Por varios años asistió a escuelas en Chile y Argentina. También enseñó en escuelas religiosas. A los estudiantes les encantaba su sentido del humor.

En 1969, Jorge se convirtió en sacerdote, y la gente comenzó a llamarlo padre Bergoglio. Como sacerdote, predicaba en la misa los domingos. Dedicaba gran parte de su tiempo ayudando a los ancianos, los pobres y los enfermos. Las oraciones y la bondad de Jorge aliviaban su sufrimiento.

El padre Bergoglio se convirtió en obispo en 1992.
Su tarea era asistir a los sacerdotes en Buenos Aires. Pero
además visitaba familias de escasos recursos en toda la
ciudad. Escuchaba sus problemas, bendecía sus casas y
les daba esperanza.

Seis años después, Bergoglio fue nombrado arzobispo
de Buenos Aires. El nuevo cargo le trajo muchas más
responsabilidades. Sin embargo, su bondadoso corazón
nunca lo dejó abandonar a los necesitados.

En 2001, Bergoglio fue nombrado cardenal. Aunque siguió viviendo en Buenos Aires, su nueva posición lo conectó directamente con el líder de toda la Iglesia católica. En 2013, el papa Benedicto XVI anunció que ya estaba muy viejo para servir como papa. Bergoglio y otros cardenales se reunieron en la Capilla Sixtina de la Ciudad del Vaticano para discutir quién sería el nuevo papa. Luego votaron.

Después de contar los votos, humo
blanco emergió de la chimenea de la Capilla
Sixtina, comunicando que el nuevo papa
había sido elegido. ¡Era Bergoglio! ¡La
multitud aplaudió!

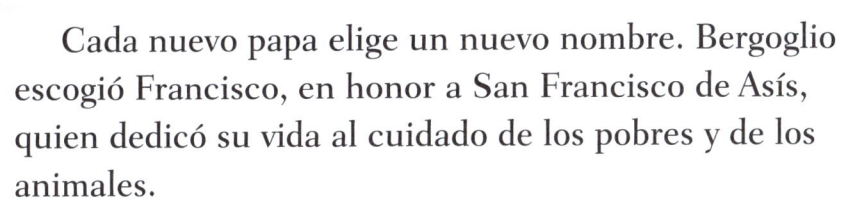

Cada nuevo papa elige un nuevo nombre. Bergoglio escogió Francisco, en honor a San Francisco de Asís, quien dedicó su vida al cuidado de los pobres y de los animales.

El papa Francisco fue el primer papa en elegir este nombre. Pero no solamente en esto ha sido el primero. También se convirtió en el primer papa suramericano y en el primer papa jesuita.

A pesar de ser la persona más influyente y poderosa de toda la Iglesia católica, el papa Francisco continúa viviendo como siempre lo ha hecho: de manera sencilla. En lugar de mudarse al palacio del Vaticano, donde suelen quedarse los papas, él prefirió vivir en un apartamento de dos habitaciones.

El papa Francisco tiene una agenda muy ocupada. La mayoría de los días se levanta temprano y comienza con dos horas de oración. Luego ofrece la misa matutina en la Capilla Santa Marta en el Vaticano. Después de desayunar, se dedica a su trabajo diario. A menudo participa en la discusión de proyectos para mejorar las comunidades locales y otras veces recibe a líderes mundiales.

El papa Francisco es conocido como el papa del pueblo por el amor y el cuidado que prodiga hacia la gente. Él ofrece su consejo a presidentes y reparte bendiciones entre prisioneros. Además, es el primer papa en invitar a las mujeres a compartir sus votos y opiniones en reuniones importantes de la iglesia.

Con frecuencia, va a la Plaza de San Pedro en el Vaticano a saludar a las grandes multitudes que se congregan para verlo. A veces, los saluda desde su papamóvil, un vehículo especialmente diseñado para el papa.

El papa Francisco brinda paz, esperanza e inspiración a personas en el mundo entero.